El Parque Nacional Yosemite

por Alice Cary

PHOTOGRAPHY CREDITS: Cover ©Alamy; 1 ©Kip Evans/Alamy; 2 ©Michael T. Sedam/Corbis; 3 ©George Rose/Getty Images; 5 ©Digital Vision/Getty Images; 6 ©eye35.com/Alamy; 7 ©Corey Rich/Getty Images; 8 ©Kip Evans/Alamy, (inset) ©Rob Crandall/Alamy; 9 ©Buyenlarge/Getty Images; 10 ©Gary Crabbe/Alamy.

Printed in the United States

ISBN: 978-0-544-17198-5

4 2562 23

4500878427 A B C D E F G

La magia de Yosemite

El Parque Nacional Yosemite es un lugar agreste y maravilloso. A las personas les gusta explorarlo para disfrutar de sus cascadas, montañas y ríos.

En el parque viven más de 400 tipos de animales, aves y peces. Se pueden ver a lo largo de cientos de millas de senderos.

Yosemite siempre ha inspirado a las personas. Hace mucho, los indígenas Miwok vivían en la base de las montañas. De noche, contaban cuentos sobre este lugar mágico. Los niños escuchaban hasta que el último de ellos estaba somnoliento. Si el cuento era de miedo, sus padres los iban a consolar.

Muchos han hecho esfuerzos heroicos por proteger el parque. Yosemite se convirtió en parque nacional en 1890. Hoy, lo visitan millones de personas al año.

Lleva días recorrer Yosemite. El parque es casi del mismo tamaño que el estado de Rhode Island. Está repleto de cascadas enormes, montañas altas y árboles gigantes.

Yosemite está en el estado de California.

Una tierra de montañas altas

Yosemite tiene muchas montañas, y El Capitán es una de las más altas. Mide más de 3,000 pies. Los visitantes no pueden evitar echarle un vistazo desde algún lugar del parque. Nadie ignora que tiene bruscos acantilados.

Por muchos años, nadie intentó escalar El Capitán. Era demasiado alto.

El Capitán es una de las montañas más famosas de Yosemite.

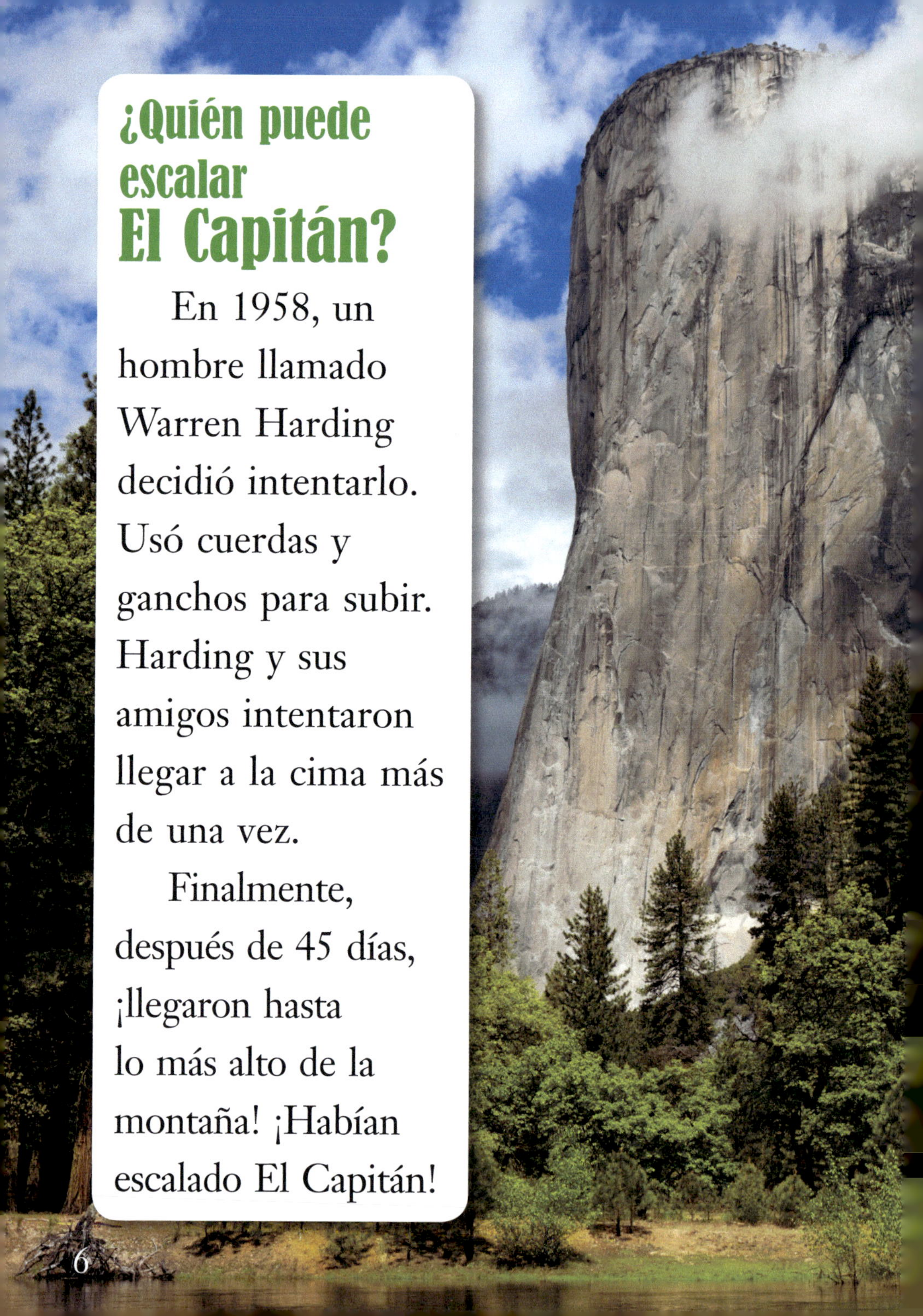

¿Quién puede escalar El Capitán?

En 1958, un hombre llamado Warren Harding decidió intentarlo. Usó cuerdas y ganchos para subir. Harding y sus amigos intentaron llegar a la cima más de una vez.

Finalmente, después de 45 días, ¡llegaron hasta lo más alto de la montaña! ¡Habían escalado El Capitán!

El Capitán es difícil de escalar, pero hoy día muchos llegan a la cima.

Hoy día, muchos escalan El Capitán sin ninguna vacilación. La travesía ahora dura solo entre tres y cinco días. La escalada ya no precisa tanta carga.

Algunos escaladores suben muy rápido. Los "escaladores de velocidad" escalan El Capitán ¡en menos de tres horas!

Osos por todas partes

La gente adora Yosemite, y los animales también. Los indígenas Miwok contaban muchos cuentos sobre los osos de Yosemite.

Hoy día, aún hay osos en Yosemite. Comen vorazmente bayas y bellotas. A veces, juegan en medio de la carretera. Los autos se detienen y la gente se baja a tomar fotografías. Pero reciben un regaño de los guardaparques si se acercan demasiado a los animales.

Los visitantes adoran observar animales salvajes en Yosemite.

Los visitantes pasaban asombrados por el interior de este árbol enorme.

Árboles gigantes

Las personas que visitan Yosemite ven cosas increíbles. Algunos de los árboles gigantes tienen 3,000 años y miden 290 pies de alto. Uno de ellos era tan grande que sirvió de túnel. Se le hizo un agujero enorme para que los carros pudieran cruzarlo.

Yosemite es antiguo, pero hay algo que nunca cambia. Este parque es un lugar muy especial. Siempre hay algo nuevo para ver y hacer. Siempre hay aventuras en el Parque Nacional Yosemite.

Llegan personas de todo el mundo para visitar Yosemite.

Responder

VOCABULARIO CLAVE **Formar palabras**

Haz una red de palabras alrededor de la palabra somnoliento. ¿Qué otras palabras significan lo mismo que somnoliento? Copia la red y añade más palabras.

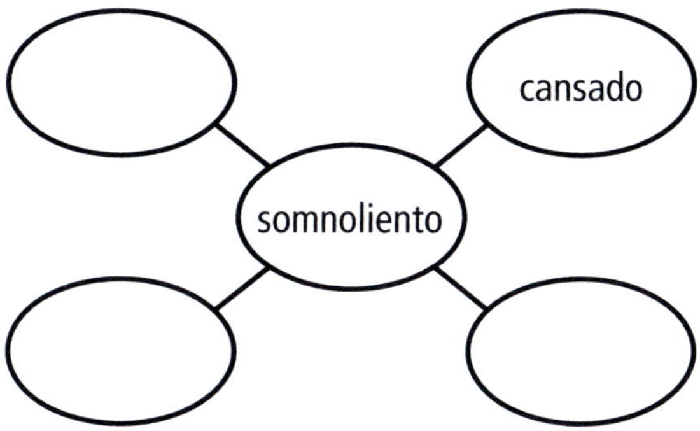

¡A escribir!

El texto y tú ¿Te sientes somnoliento después de hacer algo como caminar por la montaña? Escribe sobre cómo te sientes después de hacer algo difícil. Usa palabras de la red en tu escrito.

VOCABULARIO CLAVE

base	**regaño**
carga	**somnoliento**
consolar	**vacilación**
heroico	**vistazo**
ignorar	**vorazmente**

ESTRATEGIA CLAVE **Resumir** En tus propias palabras, menciona las partes importantes del texto.

Acertijo ¿Qué palabra del vocabulario es el nombre de una parte del campo de juego de un deporte?